Ursel Scheffler

Kugelblitz

auf Gaunerjagd durch Deutschland

Illustriert von Johann Brandstetter
und Hannes Gerber

Hase und Igel®

Hallo, liebe Detektive,

diesmal brauche ich eure Mithilfe in einem ganz besonderen Fall: Es geht darum, einer raffinierten Bande von Trickdieben das Handwerk zu legen, die kreuz und quer durch Deutschland reist und den Leuten Geldbeutel und Brieftaschen klaut. Sogar Polizeipräsident Bingos Schwiegermutter zählt zu den Opfern – und ich!

Kein Wunder, dass meine Assistenten Fritz Pommes, Sonja Sandmann, Peter Zwiebel und ich alle Hebel in Bewegung setzen, um die Burschen zu schnappen.

Wollt ihr uns dabei helfen? Dann besorgt euch am besten erst einmal eine Landkarte von Deutschland, denn die Langfinger sind immer in Bewegung: zwischen Ostsee und Bodensee, zwischen Köln und Leipzig! Deshalb ist es auch nützlich, wenn man Fahrpläne lesen kann. Die Namen der Täter und ihr Aussehen schreibt ihr am besten genau auf, damit wir am Ende Steckbriefe anfertigen können.

Gemeinsam legen wir der Bande das Handwerk, da bin ich sicher. Und welche Rolle der geheimnisvolle Unbekannte spielt, der der beliebten Sängerin Elena Pescatore immer Rosen schickt, das kriegen wir auch noch raus …

Viel Erfolg bei euren Ermittlungen wünscht euch euer Isidor Kugelblitz

Für Lehrkräfte gibt es zu diesem Buch ausführliches Begleitmaterial beim Hase und Igel Verlag.

MIX
Papier aus verantwortungsvollen Quellen
FSC® C043106

Sonderausgabe mit Silbenhilfe

www.hase-und-igel.de
Lektorat: Sandra Hummel-Kuhn
Druck: Grafisches Centrum Cuno GmbH & Co. KG

ISBN 978-3-86760-262-4
2. Auflage 2021

1. Kugelblitz geht baden

Es ist Freitagabend. Kommissar Kugelblitz kommt von einer anstrengenden Tagung aus Berlin zurück. Die Bahn hatte eine Stunde Verspätung, weil die Weichen eingefroren waren. Und dann dieser Schneesturm. Brrrr! Er ist fest entschlossen, das Wochenende zu Hause zu genießen. Keinen Schritt wird er mehr vor die Tür setzen.

Kugelblitz lässt Wasser in die Badewanne laufen und zieht Schuhe, Socken, Hemd und Hose aus. Als er splitternackt ist, klingelt das Telefon. Nanu? Wer ruft ihn so spät am Abend noch an?

Eine freundliche Damenstimme meldet sich: „Hier ist der Kundendienst von American Express. Spreche ich mit Herrn Isidor Kugelblitz persönlich?“

„So ist es“, sagt Kugelblitz und schlüpft schnell in den Bademantel, weil er mit einer Dame nicht nackt telefonieren möchte.

„Herr Kugelblitz, haben Sie mit Ihrer Kreditkarte kürzlich auf Sylt ein Surfbrett und eine Schnorchelausrüstung gekauft?“

„Jetzt im Winter? Ich denke nicht daran“, antwortet Kugelblitz. „Und das Untertauchen überlasse ich anderen.“

„Ihre Kreditkarte wurde dort in einem Sportgeschäft mit 4836 Euro belastet. Und in einem Computerladen in Westerland haben Sie angeblich einen Laptop und Kamerazubehör für 3498 Euro erstanden."

„Das – das ist doch allerhand! Da hat ein Betrüger mit *meiner* Kreditkarte bezahlt!"

„Das haben wir vermutet. Diese Käufe passen nicht in Ihr Profil", sagt die Dame.

„Mein Profil?", entfährt es Kugelblitz und er überprüft sein unrasiertes Gesicht im Spiegel. „Mein Profil ist in Ordnung. Was haben Sie an meinem Profil auszusetzen?"

„Nun, ich meinte Ihr Kaufverhalten. Nach unseren Unterlagen bezahlen Sie mit der Karte normalerweise nur Bahn- und Flugtickets und ab und zu mal ein Essen."

„So ist es", bestätigt Kugelblitz.

„Deshalb haben wir vorsorglich die Bezahlung verweigert."

„Das war sehr umsichtig", sagt Kugelblitz. Er tappt barfuß zu seiner Jacke, in der seine Brieftasche steckt, öffnet sie und ruft empört: „Tatsächlich, meine Kreditkarte ist weg! Man hat mich bestohlen. Es muss am Mittwoch im Zug nach Berlin passiert sein. Denn das Taxi zum Bahnhof in Hamburg hab ich noch mit der Karte bezahlt."

„Stimmt", sagt die Telefonstimme. „Die Abbuchung haben wir hier."

„Moment!", ruft Kugelblitz und rennt ins Bad, weil er dort verdächtige Geräusche hört. Tatsächlich: Die Badewanne läuft über! Die gelbe Quietscheente, die ihm sein Neffe Martin geschenkt hat, schwimmt schon auf dem Badezimmerboden. Er dreht schnell den Wasserhahn zu.

„Was ist los?“, fragt die Stimme am anderen Ende der Leitung verwundert, als Kugelblitz den Hörer wieder aufnimmt.

„Ich musste den Wasserhahn zudrehen. Und Sie möchte ich bitten, den Geldhahn zuzudrehen und schnellstens meine Kreditkarte zu sperren!“

„Schon erledigt. Und die neue Karte geht sofort an Sie raus“, verspricht die Frau freundlich.

Als Kugelblitz am Montagmorgen im Kommissariat seinen drei Assistenten von dem Kreditkartenabenteuer erzählt, kichert Fritz Pommes: „Ein Surfbrett? Für Sie, Chef? Mitten im Winter? Was für eine Idee!“

Und auch Sonja Sandmann und Peter Zwiebel müssen lachen. Die Vorstellung von Kugelblitz beim Surfen auf Sylt ist zu komisch an diesem Wintertag.

In diesem Augenblick wird die Tür aufgerissen und Polizeichef Bingo stürmt herein. „Was gibt es hier zu lachen?“, fragt er irritiert.

Kugelblitz erzählt, was ihm passiert ist.

„Kreditkartenbetrug? Diese Gauner!“, ruft Bingo zornig. „Mir haben sie am Wochenende im Zug von Köln nach Düsseldorf die Brieftasche mit sämtlichen Kreditkarten und Ausweisen geklaut. Und meine Schwiegermutter tobt, weil es ihr beim Konzert der Sängerin Elena Pescatore in Hannover genauso ergangen ist. Diesen Burschen muss man das Handwerk legen. Sofort!“

„Es scheint eine ganze Bande zu sein, die in den vergangenen Tagen systematisch

Leute in Zügen und an Bahnhöfen ausgeraubt hat“, berichtet Sonja Sandmann. „Wir haben in den letzten Tagen von der Bahnpolizei zahlreiche Anzeigen bekommen.“

„Nicht ungeschickt, diese Gauner“, brummt Zwiebel. „Sie klauen die Brieftaschen, dann wechseln sie schnell den Zug. So sind sie schwer zu fassen.“

„Die meisten Reisenden kaufen am Bahnhof noch schnell Proviant oder eine Zeitung. Wenn sie dann bezahlen, können die Langfinger genau sehen, wo die Leute ihr Geld aufbewahren. Das haben wir schon im Fall *Moskitobande* beobachtet“, erinnert sich Pommes.

Bingo ist über den eigenen Schaden und die Frechheit der Kreditkartenräuber so empört, dass er die Angelegenheit zur Chefsache macht. „Stimmen Sie sich sofort mit den Kollegen in den anderen Bundes-

ländern ab, Kollege Kugelblitz. Nur so haben wir eine Chance, diese Bande zu fassen."

Fragen an alle Detektive, die als Ermittler gerne zum Zug kommen:

- Wie viel Zeit hat der Dieb, um im Zug von Köln nach Düsseldorf Bingos Brieftasche zu klauen, wenn der Zug um 9.57 Uhr in Köln abfährt, fahrplanmäßig um 10.19 Uhr ankommen soll, wetterbedingt jedoch sieben Minuten länger unterwegs ist?
- Wie viele Telefonate muss Kugelblitz führen, wenn er die Kripo in den Hauptstädten der anderen Bundesländer verständigen will?

2. Wo spielt die Musik?

Die Menge tobt in der ausverkauften Meistersingerhalle. Die bildschöne Elena Pescatore ist mit gerade einmal 25 Jahren schon ein strahlender Stern am Popstar-Himmel. Mit Charme, Temperament und Stimme hat sie ihr Publikum wieder einmal begeistert.

Die Sicherheitsleute, die zum Schutz der Künstlerin abgestellt sind, haben Mühe, die

Fans vom Sturm auf die Bühne abzuhalten. Ein Angestellter der Konzertagentur bahnt sich gerade seinen Weg durch die begeisterte Menge. Er trägt einen riesigen Rosenstrauß wie einen Schutzschild vor sich her zur Bühne.

„Lassen Sie doch den Mann durch!“, ruft Hauptkommissar Morlock, der im Abendanzug den Einsatz seiner Leute bei dieser Großveranstaltung überwacht.

Als die beliebte Sängerin ankündigt, gleich im Anschluss an das Konzert in der Eingangshalle Autogramme zu geben, brodelt der Saal.

Ein junger Mann fällt im Gewühl in Ohnmacht. Die Sanitäter kommen.

Zwei Frauen beschuldigen sich gegenseitig, vorgedrängelt zu haben.

Auch Anna-Lena Morlock steht in der Schlange der Autogrammjäger. Im Gegensatz zu ihrem Vater, der als Kommissar beruflich und mit einer Freikarte hier ist, haben sie und ihre Freundin Ina sich die Eintrittskarten schon Monate vorher im Vorverkauf gesichert. Leider wurde Ina gestern krank und so ist Anna-Lenas Bruder Robert eingesprungen. Etwas widerwillig zwar, weil er sein Taschengeld lieber für das Pokalspiel des 1. FCN ausgeben wollte, das in der kommenden Woche stattfindet.

Als das Konzert zu Ende ist, gibt Robert jedoch zu, dass es ihm gefallen hat. Aber sich mit den Elena-Fans für ein Autogramm anstellen? Neee! Das ist ihm dann doch zu peinlich.

„Ich hol inzwischen den Wagen!“, ruft er seiner Schwester zu. So laut, dass es die umstehenden Mädels hören, denn er ist seit einem halben Jahr stolzer Führerscheininhaber.

„Gib Papa Bescheid, dass wir nachher noch in die *Albrecht-Dürer-Stube* gehen. Vielleicht kommt er nach, wenn sein Einsatz zu Ende ist“, sagt Anna-Lena. Sie steht in der Schlange der Autogrammjäger schon ziemlich weit vorn. Vor ihr wartet ein dunkelblonder Mann mit braunen Augen und Dreitagebart.

„Die Schlange ist nach ihren Konzerten immer so lang“, sagt er zu Anna-Lena. „Es ist schon das 17. Konzert, das ich höre.“

„Dann haben Sie am Ende auch schon 16 Autogramme?“, scherzt Anna-Lena.

„Genau“, bestätigt der Mann stolz. „Und heute bekomme ich Nummer 17.“ Er zeigt die CD, die er erstanden hat. Dabei blitzt

an seinem Finger ein Siegelring mit einem kleinen Vogel darauf.

„Hübsch“, sagt Anna-Lena. „Ist das ein Spatz?“

„Nein, eine Meise. Unser Familienwappen“, erwidert der Mann.

Und da ist er schon an der Reihe.

„Was soll ich schreiben?“, fragt ihn die Künstlerin.

„Für Karl August, meinen treuesten Fan“, antwortet er.

„Haben wir uns schon mal gesehen?“, fragt Elena und lächelt ihn an.

„Ich lasse mir keines Ihrer Konzerte entgehen“, versichert der Fan und wird so rot wie der Strauß mit den 100 Rosen, der jetzt in einem Sektkühler neben der Künstlerin steht.

„Die Blumen waren bestimmt irre teuer“, bemerkt Anna-Lena. „Im Februar ist ja nicht gerade Rosenzeit.“

„Für eine schöne Frau ist einem eben nichts zu teuer“, erwidert der Mann mit der Meise auf dem Ring großspurig.

Ob die Rosen von ihm sind?, überlegt Anna-Lena. Aber da ist sie schon an der Reihe und holt sich ihr Autogramm. Und dann beeilt sie sich, nach draußen zu kommen. Ihr Bruder wartet sicher schon ungeduldig im Wagen auf sie.

„Normalerweise ist Popmusik nicht so mein Ding. Ich stehe eher auf Rockmusik und Jazz", erklärt Hauptkommissar Morlock, als er sich eine halbe Stunde später mit seinen beiden großen Kindern in der *Albrecht-Dürer-Stube* am Fuß der mittelalterlichen Burg trifft. „Aber diese Elena Pescatore ist nicht nur ein Ohren-, sondern auch ein Augenschmaus."

Er ist gut gelaunt, weil die Veranstaltung ohne Zwischenfälle verlaufen ist. Das war bei Großveranstaltungen in letzter Zeit nicht immer so.

„Kinder, den gelungenen Abend wollen wir feiern. Bestellt euch, was ihr wollt", sagt er großzügig.

„Au ja, Papa! Mein Magen knurrt. Wir haben ja nicht zu Abend gegessen", antwortet Anna-Lena und studiert die Speisekarte.

„Wird Zeit, dass Mama aus der Kur zurückkommt“, grinst Robert. Und dann bestellt er eine große Portion *Saure Zipfel*. Das Gericht mit dem lustigen Namen ist eine fränkische Spezialität.

„Für mich bitte *Sechs mit Kraut*“, sagt Anna-Lena nach kurzem Überlegen.

Morlock selbst entscheidet sich für *Stadtwurst mit Musik*. Das passt gut zum Abschluss eines Konzertabends, findet er.

Gerade als die Bedienung die Teller auf den Tisch stellt, klingelt Morlocks Handy.

Es ist Hauptkommissar Steinlein, ein Kollege von der Bahnpolizei. „Die Kreditkartenbande hat jetzt auch bei uns zugeschlagen“, meldet er aufgeregt. „Acht Diebstähle wurden uns heute Abend gemeldet. Drei im Zug auf der Strecke nach München. Zwei in Richtung Würzburg.

Zwei am Bahnhof. Und einer beim Popkonzert von Elena Pescatore."

„Melden Sie das sofort dem Kollegen Kugelblitz in Hamburg. Der hat uns schließlich gewarnt. Wir müssen umgehend die Täterprofile vergleichen", bittet Morlock seinen Kollegen von der Bahnpolizei.

„Hab ich schon gemacht", sagt Steinlein. „Kollege Kugelblitz meint, die Zugdiebstähle seien typisch für die reisenden Trickdiebe. Der Diebstahl beim Popkonzert passe zwar nicht ins Schema der Bahnräuber, aber bei einem Konzert in Hannover gab es auch schon ein Opfer."

„Nun, die Konkurrenz schläft nicht. Auch bei den Kreditkartenbetrügern. Es gibt täglich mehr davon", brummt Morlock.

Der Konzertabend endet für ihn nun doch nicht so harmonisch, wie es zunächst ausgesehen hat. Schlagartig ist es mit seiner guten Laune vorbei. Lustlos verspeist er seinen Wurstsalat. Dann greift Morlock in die Tasche, um zu bezahlen. Er wird blass: Seine Brieftasche ist weg!

Wütend springt der Hauptkommissar auf und stößt einen Fluch aus, der so kriminell ist, dass man ihn in einem Kinderkrimi nicht abdrucken darf. Dann ruft er: „Robert, hol den Wagen!"

Einige Fragen an alle Detektive, die den Fall bis hierher aufmerksam verfolgt haben:

- In welcher fränkischen Stadt spielt die Geschichte?
- Zu welchem Bundesland gehört sie?
- Welcher beliebte Markt findet dort in der Adventszeit statt?
- Was bekommt man dort, wenn man *Stadtwurst mit Musik* bestellt?
- Wie heißt der größte Fußballverein der Stadt?
- Der Name eines berühmten Malers der Stadt ist in der Geschichte versteckt. Wie heißt er?

3. Sieben seltsame Herren

Am 13. März kurz nach 15 Uhr betreten sieben unauffällig gekleidete Herren das Kaffeehaus *Zum Arabischen Coffe Baum* in Leipzig. Sie sind zu einer geschäftlichen Besprechung verabredet. Es ist ein Planungsgespräch, das an jedem 13. des Monats in einem anderen Bundesland stattfindet. Und das hat seinen Grund.

Die Geschäfte sind so geheim, dass die Herren keinesfalls länger am gleichen Ort sein wollen, sondern wie „Zugvögel" unterwegs sind.

Die sieben haben sich die *Quetsche* reservieren lassen, ein Nebenzimmer im ersten Stock. Da sind sie ungestört. Das, was sie besprechen wollen, ist nicht für fremde Ohren bestimmt.

Die hübsche Bedienung, die jetzt die Kaffeebestellungen entgegennimmt, erzählt, dass an diesem traditionsreichen Ort schon viele berühmte Leute den arabischen Mocca getrunken hätten, der seit 1720 dort ausgeschenkt wird: August der Starke, Goethe, Bach, Shakespeare, Luther und Napoleon.

Aber das alles interessiert die sieben Männer wenig, denn es geht ihnen nicht um Bildung, sondern ums Geschäft. Die sieben haben sich vor gut einem Jahr in Köln beim täglichen Hofgang im Gefängnis angefreundet. Dort haben sie auch ihre Geschäftsidee geboren, die in den letzten Wochen schon fabelhaft funktioniert hat.

Jetzt geht es um die Einsatzpläne für den nächsten Monat. Der Anführer des Teams, den die anderen Pickit nennen, hat seinen Laptop mitgebracht. Darauf sind die Fahrpläne aller Züge und die Lagepläne aller deutschen Bahnhöfe gespeichert.

Die Decknamen der anderen sechs Männer sind leicht zu merken: Sie nennen sich Mr One, Mr Two, Mr Three, Mr Four, Mr Five und Mr Six.

Pickit verdankt seinen Spitznamen der Tatsache, dass er beim Training seinen „Schülern“ immer *„Pick it!“* zugeflüstert hat, wenn sie zugreifen sollten. Präzise wie pickende Vogelschnäbel müssen die Fingerspitzen sein, wenn Diebe anderen Leuten unbemerkt das Geld aus der Tasche ziehen wollen. Deshalb lautet die korrekte englische Berufsbezeichnung für Taschendiebe auch *pickpocket*.

Pickit hat in London bei Charly Dickens, einem Meister der Zunft, gelernt.

„Ich habe diesmal Fahrkarten nach Berlin, Köln, München, Dresden, Konstanz, Stuttgart und Saarbrücken drucken lassen“, erklärt Pickit. Er zeigt die Fahrkarten herum.

„Kompliment. Sehen wirklich total echt aus“, murmelt Mr One anerkennend und putzt seine randlose Brille.

„Mein Freund Billy war früher mal Spezialist für besondere Druckarbeiten“, sagt Pickit, der im bürgerlichen Leben Karl August Meyse heißt.

„Ey, etwa Blüten-Bill? Den kenn ich noch von früher aus dem Knast!“, ruft der rundliche Mr Two aufgeregt.

„Psst“, flüstert Pickit erschrocken. „Nicht so laut.“

„Hier kennt uns doch keiner“, brummt Mr Two.

„Und wer bekommt welche Strecke?“, fragt Mr Four, ein schlanker Sachse im Sportjackett. Er ist Fußballfan. „Ich möchte nach Berlin. Möglichst zu einem Hertha-Spiel."

„Ich auch!", meldet sich Mr Three. „Ich hab 'nen Koffer und 'ne Freundin in Berlin."

„Die Fahrkarten werden verlost. Ich lege sie hier gemischt und verdeckt auf den Tisch. Gleich wird der Kaffee serviert. Und wem die Bedienung die erste Tasse bringt, der bekommt die erste Karte. Der Zweite die zweite und so weiter", bestimmt Pickit. Ihm ist daran gelegen, dass es nicht zum Streit kommt. Wenn seine Kumpane zu streiten anfangen, dann ist die ganze Vornehmheit futsch. Da nützt auch die beste Tarnung als Geschäftsleute nichts mehr. Dann fliegen die Fetzen. Und sie wollen hier schließlich nicht auffallen. Vor allem nicht unangenehm.

Nachdem die Fahrkarten nach dem Kaffeetassen-Orakel verteilt sind, belebt der köstliche Kaffee das Gespräch. Sie erzählen von ihren Heldentaten in der Vergangenheit und versuchen sich dabei gegenseitig zu übertrumpfen.

Ob der anregende Kaffee ihre Fantasie beflügelt? Oder die drei Fläschchen Wein, die sie hinterher noch trinken? Jedenfalls nehmen es alle sieben mit der Wahrheit nicht mehr so genau. Sie flunkern, was das Zeug hält.

„Die fetteste Brieftasche hab ich mir geangelt, als ich in Stuttgart mit einem Dampfer auf der Spree gefahren bin!“, prahlt Mr One.

„Und ich hab in der Fabrik in Wolfsburg einen nagelneuen Mercedes geklaut und meiner Freundin geschenkt. Ein tolles Cabrio mit automatischem Verdeck, Stereoanlage und Autopilot“, behauptet Mr Four.

„Ganz schön großzügig! Ich schenke meinen Freundinnen immer rote Rosen“, grinst Pickit. „Kennt ihr übrigens schon den

Kugelschreibertrick?“, wechselt er nun das Thema.

„Nö, erzähl“, fordert ihn Mr Three auf.

„Na, ihr sagt im Zug zum Beispiel: ‚Gehört Ihnen der Kugelschreiber dort unter der Bank?‘ Und wenn das Opfer abtaucht, um nach dem Kugelschreiber zu suchen, greift ihr flink in die Tasche auf dem Sitzplatz.“

„Hähä, guter Tipp!“, lacht Mr Three und streicht sich durch die kastanienbraunen, lockigen Haare. „Das werd ich morgen gleich ausprobieren.“

„Ich hab das letzte Mal vor dem Fahrkartenschalter ein Zwei-Euro-Stück fallen lassen und dann zu einer Dame gesagt: ‚Gehört das Geld Ihnen?‘“, kichert Mr Five. „Der Einsatz hat sich gelohnt. Als sie sich bückte, hab ich die Geldbörse aus ihrer Handtasche gezogen. Ich hab mir eine goldene American-Express-Karte und zwei MasterCards geschnappt.“ Er grinst zufrieden. Die Narbe über seiner linken Backe verrät, dass er auch schon gefährlichere „Einsätze“ hinter sich hat.

„Ich bin vor Kurzem selbst einem Betrüger aufgesessen“, gesteht Pickit. „Ich hab meinen Führerschein abgeben müssen, weil ich mit meinem Porsche auf dem neuen Autobahnabschnitt zwischen Köln und Kiel mit 220 km/h gefahren bin. Deshalb hat mir mein Freund Billy seinen Kollegen Max Molle in Mainz empfohlen, der 1-a-Führerscheine produziert.“ Er kramt seine Brieftasche heraus und legt einen Führerschein auf den Tisch. Der wurde am 7.7.1977 in Dresden auf seinen echten Namen ausgestellt und mit dem Stempel *Bundesrepublik Deutschland* versehen.

„Fällt euch was auf?“, fragt Pickit gespannt.

„Na klar, du hättest gleich merken müssen, dass der Lappen gefälscht ist“, brummt Mr Five. „Außerdem lügst du uns die Hucke voll. Max Molle lebt nicht in Mainz, sondern in Passau.“

„Max Molle lebt in Mainz“, widerspricht Pickit und trinkt sein Glas leer.

„Der Führerscheinfälscher Max lebt in Passau!“, beharrt Mr Five.

„Hört auf zu streiten“, mischt sich Mr Six ein. „Mainz oder Passau, Jacke wie Hose. Liegt ja beides am selben großen Fluss.“

„Psst, Männer! Nicht so laut“, sagt Pickit, weil jetzt die Bedienung zur Tür hereinkommt und neue Gäste an den Nebentisch begleitet. Er räuspert sich und verkündet dann laut: „Ich denke, wir beenden hiermit unser Arbeitsessen, Männer. Alle wichtigen

Fragen sind geklärt!“ Er winkt der Bedienung und lässt sich die Rechnung bringen.

Als die sieben Männer die Treppe von der *Quetsche* hinuntergehen, schwanken sie ein bisschen.

„Macht’s gut, Jungs“, sagt Pickit, als er sich am Bahnhof von seinen Kumpels verabschiedet. „Und seid vorsichtig.“

„Fährst du nicht mit?“, erkundigt sich Mr Five überrascht.

„Ich bleibe hier. Ich plane noch einen kleinen Beutezug auf der Buchmesse. Und heute Abend gönne ich mir dann ein Konzert im Gewandhaus mit einer Künstlerin, die ich sehr schätze.“

„Die schöne Elena?“, grinst Mr Six. „Bei der hast du doch keine Chancen!“

„Davon verstehst du nichts“, sagt Pickit gekränkt.

„Na dann, viel Vergnügen!“, ruft Mr One. Er ist schon auf dem Weg zum Bahnsteig. Sein Zug fährt in zehn Minuten.

Mr Two kauft noch Reiseproviant ein.

Die anderen stehen vor der Abfahrtstafel und suchen sich unterschiedliche ICE-Verbindungen in alle Himmelsrichtungen heraus.

Bis auf Mr Six. Der beschließt spontan, noch einen Tag in Leipzig zu bleiben. Er ist ein kräftiger Mann mit rotblonden Haaren, die er seiner irischen Großmutter verdankt, einer Malerin. Er selbst ist leidenschaftlicher Fotograf. „Ich werde noch ein paar Aufnahmen von dieser schönen Stadt machen. Ganz nebenbei werd ich mir die Touristen vor der Nikolaikirche und den anderen Sehenswürdigkeiten vorknöpfen.“ Er grinst. „Wenn die Touris knipsen, heben sie die Arme mit der Kamera hoch. Da kann man bequem in die Taschen fassen.“

„Er kann es nicht lassen“, bemerkt Pickit grinsend. „Ich muss auch noch etwas Wichtiges erledigen.“ Er steuert auf einen Blumenladen zu.

Fragen an alle Detektive, die jetzt ermittlungstechnisch zum Zug kommen möchten:

- Wie viele Gauner stehen am Bahnhof Leipzig vor der Anzeigetafel und studieren den Fahrplan?
- In welchem Bundesland liegt Leipzig?
- Wie heißt die Hauptstadt dieses Bundeslandes?
- Die Bedienung im Kaffeehaus hat bei der Aufzählung der berühmten Gäste vor Begeisterung zwei falsche Namen genannt. Wer kann unmöglich dort Kaffee getrunken haben?
- Die Bande flunkert im Kaffeehaus, dass sich die Balken biegen. Wie viele Lügen entdeckst du?
- Welcher Fehler ist Max Molle bei der Fälschung des Führerscheins unterlaufen?

4. Gauner mit Friedenstäubchen

Kommissar Kugelblitz geht vor seinem Kleiderschrank auf und ab. Er grübelt, ob er mit Jackett oder vielleicht doch lieber mit Jeans und blauem Rollkragenpullover zur Leipziger Buchmesse fahren soll, um wie ein echter Autor auszusehen.

Er hat gerade – unter Pseudonym, versteht sich – seinen Krimi *Der Fall Nofretete und der Hauch des Todes* veröffentlicht. Der soll auf der Leipziger Messe vorgestellt werden. Er entscheidet sich für den Rollkragenpullover, weil das Jackett ein bisschen kneift. Dann nimmt er seinen kleinen Koffer und fährt mit dem Taxi zum Bahnhof. Diesmal zahlt er bar.

Die Fahrkarte hat er schon vom Verlag geschickt bekommen. So geht er direkt zum Bahnsteig. Nicht ohne gewohnheitsmäßig nach rechts und links zu sehen, ob irgendwelche verdächtigen Gestalten in der Nähe sind. Der Zug ist pünktlich.

Gerade, als er sich nach der Fahrkarten-kontrolle bequem zurücklehnt, macht ein Mitreisender Kugelblitz darauf aufmerksam, dass sein Kugelschreiber unter den Sitz gerollt ist. Der Kommissar bedankt sich und sagt, dass er gar keinen Kugel-schreiber vermisst. Außerdem hat er keine Lust, mit seiner neuen, etwas engen Hose auf dem Zugboden herumzukriechen. Dann widmet er sich seiner Zeitung.

Als der Zug zum Zwischenstopp in Wittenberg einläuft, kommt eine aufgeregte Dame aus dem Nachbarwaggon angelaufen. Sie ruft nach dem Zugführer. „Hilfe! Mir wurde die Brieftasche gestohlen. Geld, Papiere, Fahrkarten, Kreditkarten – alles weg.

Gerade eben. Das heißt, irgendwann zwischen Berlin und Wittenberg. Bei der Fahrkartenkontrolle war ja noch alles da!“ Sie ist völlig aufgelöst.

Da kommt auch schon der Schaffner und versucht, sie zu beruhigen.

„Kugelblitz, Kriminalpolizei“, mischt sich der Kommissar ein. Er zeigt seinen Ausweis und wendet sich an die junge Dame: „Überlegen Sie bitte: Haben Sie Ihre Tasche einmal unbeaufsichtigt stehen lassen?“

„Ich hatte sie immer auf dem Schoß. Nur …“ Sie zögert. „… als der Mann mit dem Kugelschreiber kam. Das war das einzige Mal, dass ich meine Tasche auf die Bank gelegt und kurz aus den Augen gelassen habe.“

„Der Mann mit dem Kugelschreiber? Hat er behauptet, Ihr Kugelschreiber liege unter dem Sitz? Und dann war es gar nicht Ihr Kugelschreiber, sondern irgendeiner?“

„Ja, genau. Aber woher wissen Sie das?“, fragt die junge Frau verblüfft.

„Weil der Mann es mit der gleichen Masche auch bei mir versucht hat. Allerdings wusste ich da noch nicht, dass es ein Trick war. Ein ziemlich frecher Trick übrigens. Können Sie den Mann beschreiben?“

„Er war groß, vielleicht einen Meter achtzig, hatte dunkle, lockige Haare, eine leicht getönte Brille, trug eine dunkle Blazerjacke und eine rot-weiß gestreifte Krawatte. Ach ja, und er hatte am rechten Handgelenk ein tätowiertes Friedenstäubchen. Das von Picasso. Ich bin Kunstlehrerin, da ist mir das gleich aufgefallen.“

„Friedenstäubchen, soso“, sagt Kugelblitz und unterdrückt ein Schmunzeln. „Dieser lockere Vogel ist jedenfalls der Gauner, der auch mich hereinlegen wollte.“

„Er sah gar nicht wie ein Gauner aus“, beteuert die Frau.

„Das ist ja immer das Problem: An der Kleidung kann man nicht erkennen, ob man einen Gauner vor sich hat oder nicht.“

„Da draußen läuft er!“, ruft die junge Frau plötzlich aufgeregt und deutet aus dem Fenster. Aber da rollt der Zug schon weiter. Ein Mann mit dunklen Haaren und Sonnenbrille fährt gerade mit der Rolltreppe zur Fußgängerunterführung hinunter.

Kugelblitz zückt schnell noch sein Handy, aber das Ergebnis der Kamera ist leider nur ein verwischter Schatten des Verdächtigen. Kugelblitz bittet den Zugführer, die Bahnpolizei von Wittenberg zu verständigen. Doch der erfahrene Trickdieb ist natürlich längst über alle Berge.

Fragen an alle Detektive, die den Fall aufmerksam verfolgt haben:

- Welcher der sieben Gauner beging die Tat?
- Kugelblitz fährt mit dem ICE von Hamburg über Berlin nach Leipzig. Liegt der Bahnhof Wittenberg auf dieser Strecke vor oder nach Berlin?

5. Rummy-Rudis heißer Tipp

„Na, wie war die Buchmesse, Chef?“, erkundigt sich Pommes, als Kommissar Kugelblitz wieder ins Kommissariat kommt.

„Ziemlich aufregend. Aber das erzähl ich euch gleich! Ich muss nur noch schnell mit meinem Kollegen in Leipzig telefonieren. Er hat um Rückruf gebeten“, sagt er und verschwindet in seinem Büro.

„Im Zeitungsbericht über die Buchmesse wird Ihr Buch aber gar nicht erwähnt“, bemerkt Sonja Sandmann, als Kugelblitz wieder zurückkommt. Sie zeigt auf die Zeitung.

„Kein Wunder“, seufzt der Kommissar. „Bei den hunderttausend Neuerscheinungen jedes Jahr! Da bin ich nur eine kleine Erbse im Leipziger Allerlei.“ Er nimmt die Zeitung und blättert ein paar Seiten weiter bis zum Polizeibericht. „Dafür steht hier umso mehr Interessantes!“ Er schiebt seinen Assistenten die Zeitung hin. Eine ganze Seite ist den

Trickbetrügern in der Messestadt gewidmet. „Kollege Lerche hat mir eben berichtet, dass vor wenigen Tagen einem bekannten Verleger beim Konzert im Gewandhaus die Visa-Karte geklaut wurde. Der Dieb hat damit eine goldene Rolex und ein altes Meißner-Porzellan-Service im Wert von 8000 Euro gekauft. Außerdem hat er 100 rote Rosen für eine Sängerin bestellt."

„Das ist ja ein Ding!", staunt Pommes. „Gleich 100 rote Rosen."

„Jetzt muss ich leider los, Freunde", sagt Kugelblitz. „Ich treffe mich um 11 Uhr mit jemandem, der uns vielleicht wichtige Tipps geben kann."

„Soll ich den Dienstwagen anfordern?", fragt Zwiebel.

„Nicht nötig. Ich fahre mit dem Rad. Das ist in diesem Fall besser."

„Ah, *undercover*!", sagt Pommes. „Sie möchten nicht gleich erkannt werden."

„So ist es“, bestätigt Kugelblitz und holt seine Bommelmütze, eine alte Segeljacke und die Sonnenbrille aus dem Büroschrank.

Wenig später radelt er an der Elbe entlang. In der Ferne tutet ein Schiffshorn. Es verkündet die Ankunft des großen Kreuzfahrtschiffes *Queen Mary*. Und da schiebt sich der Ozeanriese auch schon majestätisch

den Fluss herauf. Lotsenboote fahren voraus wie kleine graue Enten, die einen weißen Schwan begleiten. Am Ufer stehen eine Menge Leute und winken. Die Passagiere, die an Deck an der Reling lehnen, winken zurück. Kugelblitz radelt weiter. Auf der Stadtseite des Flusses schmiegen sich die alten Kapitänshäuser an den Elbhang. Auf der gegenüberliegenden Flussseite sieht man die mächtigen Hebeanlagen und die Docks, in denen Schiffe repariert werden.

Ich liebe diese Stadt!, denkt Kugelblitz, als er durch Övelgönne radelt. Am Café *Strandperle* stellt er sein Rad ab. Jetzt sind es nur noch ein paar Schritte zum Elbstrand. Kein Mensch beachtet den unauffälligen Mann, der nun an der Strandpromenade entlangläuft und ganz und gar nicht wie ein Kommissar aussieht. Kugelblitz ersteht am Kiosk zwei Pappbecher mit heißem Kaffee und läuft damit zum

Elbufer hinunter. Dort ist er mit Rummy-Rudi verabredet. Der hat ihm eine wichtige Information versprochen.

„Hallo, Kommissarchen! Spielst du eine Partie Rummy mit mir?“, fragt Rudi und pellt sich aus seinem Schlafsack wie eine Folienkartoffel.

„Später vielleicht“, antwortet Kugelblitz. „Ich hab uns heißen Kaffee mitgebracht.“

Obwohl die Sonne scheint, ist es an diesem Vormittag noch ziemlich kühl.

Als die Kaffeebecher geleert sind, fragt Kugelblitz erwartungsvoll: „Nun sag schon. Was willst du mir unbedingt erzählen, Rudi?“

Rudi deutet auf die Zeitung, mit der er seinen Schlafplatz gepolstert hat, und sagt: „Ich hab gelesen, dass ihr einen Kreditkartenbetrüger sucht, der durch ganz Deutschland reist.“

„Genau. Kennst du ihn?“

„Nicht persönlich. Aber ich kenne seinen Trick.“

„Erzähl“, sagt Kugelblitz und rückt näher an Rudi heran.

„Das kostet ’ne Kleinigkeit“, sagt Rudi. Er reibt Daumen und Zeigefinger aneinander und zwinkert Kugelblitz zu.

„Du bist mir noch einen Gefallen schuldig, Rudi“, ermahnt ihn Kugelblitz ernst.

„Schon gut, schon gut“, lenkt Rudi verlegen ein. „Also: Es ist nicht einer, es sind mehrere.“

„Hm, das ist bereits klar“, brummt Kugelblitz. „Einer allein kann nicht in so vielen Städten gleichzeitig sein.“

„Es sind sieben. Sie haben sich alle in Köln im Knast kennengelernt. Sie stimmen ihre Pläne genau aufeinander ab und sind nicht lange an einem Ort. Jeder ist jeden Tag woanders im Einsatz. So sind sie kaum zu schnappen.“

Kugelblitz nickt. „Genau. Deshalb sind sie meist mit der Bahn unterwegs.“

„Die arbeiten nicht nur im Zug. Schon am Fahrkartenschalter oder am Zeitschriftenkiosk des Bahnhofs beobachten sie ihre späteren Opfer. Manchmal auch auf Messen oder bei Konzerten. Und dann schlagen sie im Gewühl irgendwo zu.“

„Und woher weißt du das?“, erkundigt sich der Kommissar.

„Von einem, der dabei war, als sie ihre Tricks ausgetüftelt haben. Der konnte aber dann leider nicht mitmachen, weil die Bullen – äh, ’tschuldigung – die Polizei ihn vorher am Bahnhof in Essen beim Drogendealen erwischt hat. Er war nur auf Bewährung aus dem Knast. So musste er wieder einrücken.“

„Und wer ist das?“

„Namen sag ich nich’“, antwortet Rudi entrüstet. „Und danke für den Kaffee.“

Nachdenklich macht sich Kugelblitz auf den Rückweg zum Revier. Auf der Lombardsbrücke, die die Binnenalster von der Außenalster trennt, macht er Halt. Er sieht zum Jungfernstieg hinüber, vor dem die Fontäne Alsterwasser in den blauen Himmel sprüht. Sein Lieblingsblick. Auf der Außenalster, auf der anderen Seite der Brücke, machen sich gerade Segelboote

für eine Frühlingsregatta startbereit. Blauer Himmel, weiße Segel – Hamburg kann so schön sein!

Wenn die dunklen Seiten nicht wären, denkt Kugelblitz. Er wirft dem Bettler, der an der Treppe zum Fluss sitzt – und miserabel Ziehharmonika spielt –, eine Münze in den Hut. Und dann hat er einen Plan …

Fragen an alle Detektive, die Kugelblitz in Gedanken auf seiner Radtour durch Hamburg begleitet haben:

- An welchen beiden Flüssen liegt die Freie und Hansestadt Hamburg?
- In welchem Bundesland liegt Hamburg?
- Wer hat in Leipzig rote Rosen an die Sängerin geschickt?
- Was ist Leipziger Allerlei?
  a) ein Karnevalsverein
  b) ein Zeitungsname
  c) ein Gemüsegericht

6. Die lila Falle

Kugelblitz berichtet nach seiner Rückkehr ins Büro seinen drei Assistenten von Rummy-Rudis interessanten Informationen. „Es sind gut organisierte Täter, die sich aus dem Knast kennen. Wir müssen beweisen, dass sich die Polizei auch gut organisieren kann! Wir werden der Bande eine Falle stellen.“

„Und wie soll die Falle aussehen, Chef?“, erkundigt sich Sonja Sandmann neugierig.

„Wir werden Undercoveragenten als ‚Köder‘ an den Bahnhöfen platzieren. Zunächst an Fahrkartenschaltern und Zeitungskiosken. Und wenn einer der ‚Zugvögel‘ anbeißt, schnappen wir ihn“, sagt Kugelblitz entschlossen.

„Und wer macht den ersten Köter?“, fragt Pommes.

„Köder“, sagt Sonja Sandmann und lacht.

„Ich“, sagt Kugelblitz.

Am kommenden Montag zieht sich Kugelblitz urlaubsmäßig an. Er nimmt einen kleinen Koffer, der mit Zeitungspapier gefüllt ist, und eine präparierte Brieftasche, in der ein Personalausweis und Kreditkarten stecken, die täuschend echt aussehen. Dann reibt er seine Hände mit einer Spezialcreme ein. Zufrieden betrachtet er sein Spiegelbild: Mit der Segeljacke und seiner Schirmmütze sieht Kugelblitz wie ein reiselustiger Rentner aus.

Er fährt zum Hauptbahnhof. Vor dem Fahrkartenschalter hantiert er ein wenig ungeschickt mit seinen Reiseunterlagen. Die Brieftasche fällt hinunter. Oh Schreck! Kreditkarte, Rabattkarten, Ausweis und Scheckkarte purzeln auf den Boden und breiten sich aus wie die Blätter eines Kartenspiels.

Beim Aufsammeln bemerkt Kugelblitz sehr wohl, dass durch sein Missgeschick –

wie beabsichtigt – ein Mann auf ihn aufmerksam geworden ist. Er hat ein Sport-

jackett an, lehnt lässig an der Wand gegenüber und liest eine Sportzeitung.

Kugelblitz geht jetzt in Richtung Bahnsteig. Am Zeitungskiosk kauft er sich noch eine Illustrierte, einen Krimi und ein Rätselheft. Tapfer geht er am Stand mit dem Eis vorbei. Eine Eistüte würde ihn bei der Durchführung seines Plans behindern. Klebrige Hände kann er jetzt wirklich nicht gebrauchen!

Zufrieden beobachtet Kugelblitz, dass der Mann mit dem Sportjackett ihm folgt. Gelassen fährt er auf der Rolltreppe zum Intercity-Bahnsteig hinunter. Auf einmal spürt er eine Hand in seiner Jackentasche und packt blitzschnell zu. Mit stahlhartem Griff hält er das Handgelenk des Diebes fest.

„Was erlauben Sie sich!“, empört sich der Mann und lässt die Brieftasche blitzschnell fallen.

„Ich erlaube mir, Sie festzunehmen“, sagt Kugelblitz, als er am Ende der Rolltreppe angekommen ist. Kugelblitzschnell lässt er die Handschellen zuschnappen.

„Was fällt Ihnen ein!“, protestiert der Mann. „Die Brieftasche muss Ihnen aus der Hand gefallen sein. Genau wie vorhin am Fahrkartenschalter. Ich habe das blöde Ding nicht angefasst."

„Kommissar Kugelblitz, Kripo Hamburg", sagt der Kommissar und zeigt seinen Dienstausweis. „Die Brieftasche ist präpariert. Sie werden in zwei Minuten lila Fingerspitzen bekommen. Es ist eine Farbe, die nicht so schnell abgeht. Das ist der Beweis dafür, dass Sie die Brieftasche eben in der Hand gehabt haben."

Der Mann wird blass.

Die Neugierigen, die am Fuß der Rolltreppe stehen geblieben sind, beobachten staunend, wie sich die Fingerkuppen des Mannes jetzt tatsächlich langsam lila verfärben.

Und da kommen auch schon die Kollegen von der Bahnpolizei, die Kugelblitz über sein Handy informiert hat. Sie nehmen den Mann fest.

Es stellt sich heraus, dass es sich um den wegen Trickbetrugs mehrfach vorbestraften Bert Burzelboom aus Chemnitz handelt.

Vier Fragen an alle Detektive, die gut aufgepasst haben:

- Wodurch hat der Mann verraten, dass er Kugelblitz schon die ganze Zeit beobachtet hat?
- Was ist ein Köder?
  a) abwertende Bezeichnung für Hund
  b) ein Lockmittel
- Warum reibt sich Kugelblitz die Hände mit einer Spezialcreme ein?
- Wie lautet der Deckname des diebischen Sportfreunds mit den lila Fingern?

7. Ein Ferientag in Berlin

„Endlich Feierabend“, murmelt Kugelblitz. Er zieht die Jacke aus und streift die Schuhe ab. In der Küche holt er sich ein kühles Bier. Dazu die Butterbrezel, die er sich von seinem abendlichen Streifzug über den Bahnhof mitgebracht hat. Dann setzt er sich in seinen Lieblingssessel und legt die Beine hoch. Jetzt wird er den Krimi lesen, den er am Bahnhofskiosk gekauft hat. Dabei kann er abschalten und in aller Ruhe genießen, wie cool sein italienischer Kollege Commissario Brunetti die Fälle löst!

Da klingelt das Telefon.

Hoffentlich kein neuer Fall, denkt Kugelblitz genervt. Er schiebt sich hastig das letzte Stückchen Butterbrezel in die Backentasche, greift nach dem Hörer und nuschelt: „Kuschelblitsch.“

„Onkel Isidor? Wieso sprichst du so komisch?“, wundert sich sein Neffe Martin.

„Ah, Martin. Du bist's bloß. Gott sei Dank! Ich dachte schon, ein dringender Fall …"

„Es ist ein dringender Fall", sagt Martin. „Es ist nämlich so: Elena singt am 4. Juni in der Waldbühne in Berlin."

„Und wer ist Elena?"

„Eine tolle Sängerin. Amelie ist ein totaler Fan von ihr. Deshalb wollen wir hin, Amelie und ich."

„Amelie ist die Neue in deiner Klasse, die du so nett findest, stimmt's?"

„Genau. Sie wohnte früher in Berlin", bestätigt Martin und am Telefon sieht man nicht, dass er dabei ein wenig rot wird.

„Und wo ist das Problem?", erkundigt sich Kugelblitz.

„Mama sagt, es kommt nicht infrage, dass wir allein zur riesigen Waldbühne gehen, uns unter die Menschenmassen mischen und erst nach Mitternacht nach Hause kommen." Er seufzt. „Du kennst ja

Mama. Seit dem schrecklichen Unglück bei der letzten Großveranstaltung ist sie doppelt ängstlich. Und Amelies Papa, der erst mitfahren wollte, kann nicht. Und weil du öfter in Berlin bist, dachte ich …“

„Da dachtest du, der gute alte Onkel Isidor könnte Babysitter spielen?“

„Von wegen Babysitter: Du sollst mit aufs Konzert kommen! Amelie hat drei Karten. Und vor dem Konzert kann sie uns die Stadt zeigen. In Berlin kennt sie sich aus.“

Der Überredungskunst seines Lieblingsneffen ist es zu verdanken, dass Kugelblitz kurz entschlossen einen Tag Urlaub nimmt und mit den beiden jungen Leuten zum Popkonzert in die Hauptstadt fährt.

„Ich war noch nie auf einem Popkonzert", gesteht Kugelblitz, als sie am Freitagmorgen im Zug sitzen.

„Und ich bin noch nie mit einem echten Kommissar verreist", sagt Amelie. „Dazu

noch mit so einem berühmten! Ermitteln Sie gerade wieder in einem spannenden Fall?"

„Kriminalfälle sind in der Praxis nicht so spannend wie im Kino", sagt Kugelblitz. „Jetzt ermitteln wir zum Beispiel schon monatelang gegen eine Bande von Kreditkartenbetrügern. Und wir haben erst einen gefasst."

„Das heißt, man muss viel Geduld haben als Detektiv?", fragt Amelie und zieht das hübsche Näschen kraus.

Kugelblitz nickt. „Sehr viel Geduld und Ausdauer."

„Dann ist es wohl kein Beruf für mich", überlegt Amelie laut. „Ich glaube, ich werde lieber Popsängerin."

Die Zeit vor dem Konzert nutzen die drei für eine Stadtbesichtigung. Amelie erzählt von den lustigen Spitznamen, die die Reiseführer den Sehenswürdigkeiten geben.

„Den Engel auf der Siegessäule nennen sie ‚Goldelse', die Kongresshalle im Tiergarten ‚Schwangere Auster', den Fernsehturm ‚Telespargel' und die Kuppel des Reichstags ‚Eierwärmer'."

„Falls es mit deiner Karriere als Sängerin nicht klappt, könntest du auf alle Fälle eine unterhaltsame Reiseführerin werden", sagt Kugelblitz schmunzelnd.

Als sie an der Museumsinsel ankommen, schlägt Amelie vor, die Stadtbesichtigung mit dem Schiff fortzusetzen.

Das ist Kugelblitz mehr als recht, denn er hat schon Blasen an den Füßen. Sie steigen auf eines der weißen Boote, die flach genug sind, dass sie unter den Spreebrücken hindurchgleiten können. Er lehnt sich gemütlich zurück, während Martin Fotos macht und Amelie den anderen Ausflugsbooten winkt. Jetzt sehen sie bequem vom Wasser aus noch einmal den Dom und die Museen, das Regierungsviertel und den Reichstag an sich vorüberziehen.

Seit langer Zeit mein erster Tag ohne Kriminalfall, denkt Kugelblitz zufrieden.

Das Konzert in der Waldbühne ist dann die Krönung dieses wunderbaren Sommertages. Kugelblitz fühlt sich unter den jungen

Leuten gleich zwanzig Jahre jünger. Er ertappt sich dabei, dass er mit den Füßen im Takt wippt und die Melodien der populären Songs leise mitsummt.

Als das Konzert zu Ende ist, springen die über zwanzigtausend Zuhörer auf und klatschen begeistert. Die Sängerin muss eine Zugabe nach der anderen geben. Am

Schluss wird ein Strauß mit langstieligen roten Rosen auf die Bühne gebracht. Ein unglaublich großer Strauß!

Da schrillt eine Alarmglocke in Kugelblitz' Gedächtnis. Hat nicht auch Kommissar Morlock von einem riesigen Strauß roter Rosen berichtet, den die Sängerin nach dem Popkonzert in Nürnberg bekam? Es stellte sich hinterher heraus, dass der mit einer gestohlenen Kreditkarte bezahlt worden war. Und hieß die Künstlerin nicht auch Elena oder so ähnlich?

Kugelblitz zieht sein Handy aus der Tasche und wählt die Nummer von Hauptkommissar Morlock.

„Sie erinnern sich richtig", bestätigt Morlock. „Die Künstlerin hieß Elena Pescatore. Der Rosenstrauß war von einem Fan, der sich K. A. nannte, und er war mit einer der gestohlenen Kreditkarten bezahlt worden. Mehr wissen wir auch nicht."

Kugelblitz springt auf und sagt: „Kinder, ich muss zur Bühne. Ich muss diese Elena sprechen. Ganz dringend."

„Wir kommen mit!", ruft Amelie und zieht Martin hinter sich her. „Vielleicht krieg ich ein Autogramm."

Kugelblitz spricht mit den Sicherheitsleuten, die verzweifelt versuchen, die begeisterte Menge in Schach zu halten. Er zeigt seinen Dienstausweis. Da bahnt einer der Wachleute ihm mit beiden Armen einen Weg durch die Menschenmenge.

Hinter der Bühne kann Kugelblitz ungestört mit der Künstlerin sprechen. Er fragt nach dem Rosenstrauß.

„Ja, ich bekomme öfter Rosen von diesem geheimnisvollen Fan, der sich K. A. nennt", sagt sie. „Ich weiß gar nicht, wohin damit. Schließlich bin ich dauernd auf Reisen."

Sie nimmt die Karte des Blumenladens aus dem Strauß und sagt: „Hier, sehen Sie selbst: *Von Ihrem treuen Fan K. A.* Mehr steht nicht auf der Karte. Oft holt er sich auch ein Autogramm. Er heißt Karl August. Ich erinnere mich an den Namen, weil ich im August Geburtstag habe. An sein Aussehen erinnere ich mich allerdings nicht. Unrasiert war er, glaub ich. Und dunkel-

blond. Es ist immer so ein Gedränge nach dem Konzert. Deshalb hab ich heute keine Autogramme gegeben. Es waren einfach zu viele Leute." Die Sängerin seufzt. Man merkt ihr die Erschöpfung nach dem anstrengenden Konzert jetzt ein wenig an.

„Dann wollen wir nicht länger stören. Das heißt, vielleicht könnten Sie mit dem Autogramm für die junge Dame eine Ausnahme machen?“ Kugelblitz deutet auf Amelie. „Sie ist extra aus Hamburg angereist.“

„Das mach ich gern“, sagt Elena und schreibt *Für Amelie* auf die Karte, verziert mit einem Herz. „Möchten Sie auch eine?“, fragt sie Kugelblitz und lächelt ihn an.

„Ich hätte lieber die Karte vom Rosenstrauß“, antwortet Kugelblitz ehrlich. „Die hilft uns vielleicht bei unseren Ermittlungen weiter.“

„Das mit dem Autogramm war echt cool“, erklärt Amelie, als sie kurz vor Mitternacht im letzten Intercity nach Hamburg sitzen. „Vielen Dank, dass Sie daran gedacht haben, Herr Kommissar. Aber warum wollten Sie lieber die Karte vom Rosenstrauß haben?“

„Ist doch sonnenklar“, sagt Martin, der schon ein paar Jahre mehr Detektiverfahrung hat als Amelie.

Drei kurze Fragen an alle Detektive, die schon so erfahren sind wie Martin:

- Weshalb möchte Kugelblitz die Karte vom Rosenstrauß haben?
- Welche wichtige Information hat er noch von Elena bekommen?
- Berlin ist heute die Hauptstadt von Deutschland. Wie heißt die Stadt, die vor 1990 die Hauptstadt der Bundesrepublik Deutschland war?

8. Gaunerferien

Es ist der 13. Juli. Sechs Männer in heller Sportkleidung sitzen bei herrlichem Sonnenschein im Schlosscafé von Schwerin. Es ist das monatliche Planungstreffen der Kreditkartenbande. Die schwüle Sommerluft macht träge.

„Wir sollten ein paar Tage Urlaub machen“, sagt Mr Two und gähnt.

„Und wo?“, fragt Mr Five.

„Irgendwo am Wasser“, schlägt Mr One vor, der ein begeisterter Segler ist.

„Hauptsache, das Hotel ist bequem und die Küche gut“, brummt Mr Two, dem man ansieht, dass er Wert auf gutes Essen legt. Er hat immer etwas zu naschen in den Taschen. Sogar im Café. Gerade knabbert er an seinem Müsliriegel, weil er denkt, dass man davon schlank wird.

„Einfach mal in der Sonne liegen und richtig faulenzen. Schnurzegal, wo“, sagt Mr Three.

„Nicht zu viel Sonne“, entgegnet Mr Six und cremt seine empfindliche helle Haut mit Sonnenmilch ein. „Hauptsache, wir sind eine Weile weit weg vom Schuss – äh, ich meine – weit weg von Zug und Bahnhof.“

„Da hab ich eine geniale Idee“, sagt Pickit. „Wir nehmen ein Schiff und fahren auf die größte deutsche Insel. Dort buchen wir das schönste und teuerste Hotel. Das können wir uns jetzt leisten. Unser Freund Micky Ticker hat die zahlreichen ‚Einkäufe‘ der letzten Wochen und Monate zu sensationellen Höchstpreisen weiterverkauft. In manchen Brieftaschen war außerdem erstaunlich viel Bargeld. Ein paar Mal konnte ich große Summen abheben, weil die Leute dumm genug waren, ihre Geheimzahl in der Geldbörse zu notieren. Noch ein Jährchen oder zwei, dann können wir uns endlich mit einem dicken Bankkonto zur Ruhe setzen.“

Pickit lehnt sich zufrieden zurück.

„Schade, dass Mr Four nicht mehr dabei sein kann“, bedauert Mr Six.

„Wir sollten ihm jede Woche ein Fresspaket ins Gefängnis schicken. Anonym, versteht sich“, schlägt Mr Two vor.

„Das war Pech mit Mr Four“, stimmt Mr Five zu. „Er war immer lustig, unser Sachse. Wenn ich daran denke, welchen Spaß wir beide im Februar auf dem Karneval in Köln hatten! Und knapp fünfzig fette Brieftaschen Beute obendrein.“

„Tja, jetzt sind wir nur noch sechs“, seufzt Mr Six.

„Noch genug, um der Polizei Ärger zu machen“, grinst Mr Three und streicht durch seine gelockten Haare.

„Fiete, ein Freund von mir, hat eine Segeljacht beim Pokern gewonnen. Die liegt im Hafen von Greifswald“, erinnert sich Pickit. „Der bringt uns bestimmt auf die Insel.“

„Echt?“, fragt Mr Two. „Einfach so?“

„Na klar. Ich hab ihm damals im Casino beim Schummeln geholfen. Ist praktisch auch meine Jacht.“ Er grinst und wählt eine Nummer auf seinem Handy. „Geht klar“, bestätigt er kurz darauf. „Fiete bringt uns hin.“

„Und wie kommen wir nach Greifswald?“

Pickit checkt den Fahrplan auf dem Handy und sagt: „Wenn wir den Intercity um 12.10 Uhr erwischen, sind wir um 14.30 Uhr da. Badehosen kaufen wir uns dort. Alles andere haben wir ja dabei.“

Mr Two sieht auf seine goldene Armbanduhr und springt auf. „Dann sollten wir uns beeilen, Leute!“

Um 16 Uhr sind die sechs Männer bereits an Bord von Fietes Luxusjacht.

Da zunächst nicht genug Wind herrscht, startet Fiete den Dieselmotor.

„Ist schon richtig wie Urlaub“, sagt Mr One, als sie später bei auffrischendem Wind an der Küste entlangsegeln. Er schließt die Augen und träumt davon, einmal selbst so eine Jacht zu besitzen …

Im Seebad Binz gehen die sechs Urlauber abends von Bord. Pickit hat von

unterwegs die größten und schönsten Zimmer des *Grand Hotels* gebucht. Die Gaunerferien können beginnen!

Am nächsten Morgen nach dem Frühstück liegen die sechs Männer in nagelneuen Badehosen im Strandkorb neben der Kurpromenade und lassen sich die Sonne auf die gut geölten, blassen Körper brennen.

„Haste das gesehen?“, flüstert Mr One. Er rückt die randlose Brille zurecht und sieht einer eleganten Dame nach, die mit ihrem Hündchen die Strandpromenade entlangläuft. „Echte Perlen, Goldarmband, Brillantring. ’ne reiche Braut. Da wär was zu holen!“

„He du! Mach keinen Quatsch, Kumpel“, tadelt ihn Pickit. „Das ist Urlaub und keine Geschäftsreise. Die Mädels sind noch mal dein Verderben.“

Mit einem Seufzer lässt sich Mr One wieder in den Strandkorb sinken.

Mr Six, der rotblonde Ire, hat abends einen Sonnenbrand. Mr Two bekommt Bauchschmerzen, weil er am Mittagsbüfett

seinen Teller zu voll geladen hat. Mr One guckt den hübschen Mädchen hinterher, bis ihm die Augen wehtun. Mr Five findet das Meerwasser zu salzig. Alle haben etwas auszusetzen.

Nach einer Woche wird das Luxusleben langweilig. Und das Feine-Leute-Spielen auch.

„Ich hätt mal wieder Lust auf Currywurst“, seufzt Mr Two.

„Und ich auf Pommes rot-weiß“, brummt Mr Six.

„Und ich auf Kartenspiele. Ihr wisst schon, was ich meine“, grinst Mr Three und zeigt die Beweglichkeit seiner zehn Finger.

„Lass die Hände von den Kreditkarten“, warnt ihn Pickit.

Am Horizont tauchen weiße Schiffe auf. Der rotblonde Ire sieht sehnsüchtig aufs Meer hinaus und seufzt: „Ich möchte auf ein Schiff. Ich hab Fernweh.“

„Ich auch“, murmelt Mr One, der als Leichtmatrose zur See gefahren ist, bis es ihn beim Drogenschmuggel in der Türkei schwer erwischte.

Mr Six sieht durch sein neues Fernglas auf die vorbeifahrenden Schiffe. Nach einer Weile sagt er: „Wir könnten doch einen kleinen Betriebsausflug auf einem Fähr-

schiff machen. Auf den vollen Fähren müsste unsere Geschäftsidee doch genauso funktionieren wie in den Zügen."

„Keine schlechte Idee", entgegnet Pickit. „Wir müssen uns eben auf verschiedene Fähren verteilen." Er überlegt einen Moment und sagt dann: „Jungs, der Urlaub ist beendet. Wir gehen wieder auf Tournee!"

Gemeinsam mit Mr One tüftelt er einen Einsatzplan aus. Die Einsatzorte sind über ganz Deutschland verteilt.

„Zwei nehmen sich die Fähren auf der Ostsee vor, zwei die auf der Nordsee und zwei fahren mit der Bahn bis runter ans Schwäbische Meer“, verkündet Pickit. „Die Abfahrtszeiten der Züge und die Fahrpläne der Fähren hat Mr One schon für euch herausgesucht.“

Damit sind alle einverstanden. Die schwimmenden Arbeitsplätze werden verlost: Mr Five und Mr Two reisen nach Konstanz in Süddeutschland. Die Fähren dort sind während der Ferienzeit meist randvoll und ein gutes Jagdrevier für Trickdiebe.

Mr One und Mr Six nehmen den Zug über Hamburg nach Dagebüll. Die Fähre dort steuert zwei beliebte nordfriesische Ferieninseln an.

Mr Three und Pickit bleiben auf ihrer Urlaubsinsel. Sassnitz, der größte Eisenbahn-Fährhafen Deutschlands, ist nicht weit von ihrem Hotel entfernt.

„Einmal nach Trelleborg und zurück. Das schaffen wir locker an einem Tag, Boss“, sagt Mr Three zu Pickit. „Und jede Menge Kundschaft an Bord! Ich werde wieder den bewährten Kugelschreibertrick einsetzen.“ Er freut sich auf das Abenteuer. Seine Geschäftsausrüstung – eine Handvoll Kugelschreiber – klaut Mr Three am Empfang des *Grand Hotels*.

Die Hinreise von Pickit und Mr Three mit dem Fährschiff dauert etwas über vier Stunden. Mr Three gelingt es, sechs Geldkarten zu ergaunern. Drei mehr als der Boss. Er platzt fast vor Stolz! Da Trelleborg in Schweden liegt, besteht auch keine Gefahr, dass die deutsche Polizei sie dort im Hafen schnappt.

Auf der Rückreise verlässt ihn allerdings das Glück. Als er gerade zu einer älteren Dame sagt: „Entschuldigen Sie, junge Frau, ich glaube, Ihr Kugelschreiber ist eben unter die Bank gefallen", dreht sich ein Mann um und stellt verblüfft fest: „Moment mal. Sie kenne ich doch!"

„Das muss ein Irrtum sein", widerspricht Mr Three und wird blass.

„Na, vielleicht haben Sie ja einen Doppelgänger", sagt der Mann scherzhaft und

wendet sich rasch ab. Es ist der Zugführer, der dabei war, als Mr Three auf dem Bahnhof in Wittenberg entwischte. Er hat am Morgen einen Zug auf der Eisenbahnfähre bis Trelleborg begleitet und befindet sich jetzt auf der Rückreise nach Deutschland.

„Verflixt, ich bin sicher, dass das der gesuchte Trickdieb ist“, murmelt er und schüttelt den Kopf. „Der Dummkopf verwendet anscheinend überall seine Kugelschreibermasche, um die Opfer abzulenken.“

Der Eisenbahner zückt sein Handy und ruft im Intranet der Bahn den Steckbrief des Kartendiebes auf. Kugelblitz hat eine ziemlich genaue Täterbeschreibung für alle Bahnbeamten in Umlauf gebracht. Sie lautet: *etwa 180 cm groß, dunkelbraune, lockige Haare, leicht getönte Brille, tätowiertes Täubchen am rechten Handgelenk.*

Und der Typ hat tatsächlich ein Täubchen am Unterarm! Der Verdacht des Beamten erhärtet sich. Das muss der Betrüger sein.

Er spricht mit dem Kapitän und erklärt ihm alles. Gemeinsam rufen sie die Polizei in Sassnitz an.

Pickit steht hilflos daneben, als Mr Three nach der Ankunft der Fähre im Hafen von der Polizei abgeführt wird.

Und weil man bei Mr Three, alias Hans Klein, in einem geheimen Gürtelfach sechs Kreditkarten findet, die nicht auf seinen Namen lauten, ist dies das vorläufige Ende seiner Gaunerkarriere.

„Jetzt sind wir nur noch fünf“, murmelt Pickit betrübt, als er schließlich ohne Mr Three das Hotel aufsucht.

Fragen an alle Detektive, denen bei Sonne und Seeluft nicht der Verstand eingetrocknet ist:

- In der Hauptstadt welchen Bundeslandes treffen sich die Gauner am 13. Juli?
- An welchem Meer liegt der Hafen von Greifswald?
- Wie heißt die große Insel, auf der die sechs Gauner Urlaub machen?
- Was verbirgt sich hinter dem Namen „Schwäbisches Meer“?
- Welche beiden nordfriesischen Inseln werden von Dagebüll aus mit der Fähre angesteuert?

9. Bingo macht Dampf

„Ist das eine Hitze", stöhnt Kommissar Kugelblitz und schaltet den Ventilator auf seinem Schreibtisch auf die höchste Stufe. Mit dem Erfolg, dass die Dokumente des letzten Banküberfalls in der Altstadt in hohem Bogen vom Schreibtisch wehen und sich dort mit den Fahndungsunterlagen über die Drogendealer von St. Pauli vermischen.

„Lassen Sie mal, Chef. Ich heb das auf", sagt Pommes hilfsbereit und bückt sich.

„Liegt da auch mein Kugelschreiber?", fragt Kugelblitz. „Der ist mir vorhin runtergefallen."

„Apropos Kugelschreiber", bemerkt Pommes, als er mit dem Fundstück wieder auftaucht. „Der Mann mit dem Kugelschreibertrick ist endlich geständig. Die Kollegen von Rügen haben eben angerufen. Der Mann, den sie mit den geklauten Kreditkarten verhaftet haben, heißt Hans Klein.

Er wird wieder ein paar Jährchen brummen müssen, weil er noch eine Reststrafe wegen Urkundenfälschung abzusitzen hat. Er wurde damals in Köln wegen guter Führung vorzeitig entlassen."

„Haben die Kollegen etwas über die anderen Bandenmitglieder herausgefunden?", fragt Kugelblitz.

„Kein Wort über Komplizen. Angeblich arbeitet er allein."

„Na gut. Die halten zusammen", seufzt Kugelblitz. „Überprüfen Sie mal, ob Hänschen Klein damals zeitgleich mit dem Typ aus dem Lila-Finger-Fall im Gefängnis war."

„Mit welchem Typ?", fragt Pommes etwas irritiert.

„Na mit dem Trickdieb, der uns mit lila Fingern am Bahnhof in die Falle getappt ist. Er heißt Purzelbaum oder so ähnlich."

„Klaro, Chef! Wird gemacht", grinst Pommes und eilt davon.

Jetzt kommt Assistent Peter Zwiebel hereingeschossen. Er warnt die anderen: „Achtung, Bingo kommt! Und er hat miese Laune."

Da wird auch schon die Tür aufgerissen und Polizeichef Bingo stürmt mit hochrotem Kopf herein. „Was ist das hier für ein verschnarchter Laden?", tobt er. „Diese Kreditkartenbetrüger werden immer frecher! Von der Ostsee bis zum Bodensee. Von Cottbus bis Xanten. Von Buxtehude bis Konstanz. Wann schnappt ihr die Bande endlich?"

„Zwei haben wir schon“, bemerkt Zwiebel vorsichtig.

„Und wie viele fehlen noch?“, hakt Bingo nach.

„Vermutlich fünf“, erklärt Kugelblitz. „Wenn wir unserem Informanten trauen können.“

„Na, dann traut euch mal und schnappt sie! Ich werde mit Anrufen von Banken und Kreditkarteninstituten bombardiert. Eben hat das Bundeskriminalamt aus Wiesbaden angerufen. Sie brauchen alle verfügbaren Informationen, damit sie auf ihrer Webseite deutschlandweit nach den Gaunern fahnden können. Gibt es Personenbeschreibungen? Täterprofile?“, forscht Bingo.

„Die Täter treten vorwiegend in Zügen und auf Bahnhöfen auf. Manchmal auch bei Großveranstaltungen wie Messen oder Konzerten. Zuletzt auch auf Fähren. Die Bandenmitglieder scheinen sich aus dem Knast in Köln zu kennen. Wir haben bereits die Gefängnislisten überprüft. Einer der Täter ist außerdem ein Fan dieser Sängerin Elena. Er schickt ihr jedenfalls immer einen gigantischen Rosenstrauß, den er mit den geklauten Karten bezahlt.“

„Elena Pescatore? Das ist doch die Sängerin, auf deren Konzert in Hannover die Brieftasche meiner Schwiegermutter geklaut wurde“, erinnert sich Bingo. „Na, dann nichts wie hin zu ihrem nächsten

Konzert und den Rosenkavalier verhaften!" Bingos Kopf ist inzwischen dunkelrot.

„Wenn das so einfach wäre", seufzt Kugelblitz. „Das nächste Konzert ist in Japan. Und ihr nächster Auftritt in Deutschland erst im Dezember. In Düsseldorf."

„Verflixt noch mal. Sollen wir bis Weihnachten warten, ehe wir die Kerle fassen? Tun Sie was", schnaubt Bingo verärgert. „Lernen Sie Japanisch!"

Dann fällt die Tür hinter ihm ins Schloss.

„Der hat leicht reden", seufzt Sonja Sandmann. „Schließlich haben wir im Moment noch mindestens siebenundneunzig andere Fälle zu bearbeiten …"

„Da fällt mir etwas ein: Die Kollegen auf Rügen haben doch bei der Festnahme von Hans Klein in seinem Rucksack neben Rasierzeug, Kugelschreibern und muffigen Socken auch eine Eintrittskarte für die Automobilmesse in Frankfurt gefunden!", erinnert sich Kugelblitz. „Könnte doch sein, dass die Messestadt am Main das nächste größere Ziel der Bande ist? Ich werde sofort die Kollegen in Frankfurt verständigen."

Einige Fragen an alle Detektive, die auf der Reise kreuz und quer durch Deutschland nicht den Überblick über Stadt, Land und Fluss verloren haben:

- An welchem Fluss und in welchem Bundesland liegt Frankfurt?
- Das Dezemberkonzert von Elena ist in der Landeshauptstadt welchen Bundes-landes? An welchem großen Fluss liegt die Stadt?
- Das Bundeskriminalamt befindet sich in der Landeshauptstadt von Hessen. Wie heißt sie? Könnte man sie von Frankfurt aus flussaufwärts mit einem Motorboot erreichen?

10. Schnäppchenjagd

Die Internationale Automobilausstellung lockt Autofreunde von nah und fern nach Frankfurt. Die Menschenmassen schieben sich dicht gedrängt über das Messegelände. Die – vorwiegend männlichen – Besucher bestaunen die glänzenden Karosserien der schnittigen neuen Modelle.

Auch Mr One und Mr Six sind große Autofans. Sie hatten vor ihrem Gefängnis-aufenthalt einen gut gehenden Autohandel. Die beiden klauten auf Bestellung Autos aus Parkhäusern und Garagen. Aber dann wurden sie erwischt und die Sache brachte ihnen einen sechsmonatigen „Urlaub" hinter schwedischen Gardinen ein. Doch das prickelnde Gefühl, wenn man über den blanken Kotflügel eines frisch lackierten Autos streicht, ist ihnen geblieben. Daher gilt ihr Interesse auf dem Messegelände zuerst den Autos und dann erst den Brief-taschen der Besucher.

„Das rote Baby mit den versenkbaren Scheinwerfern kauf ich mir vielleicht. Ein Superschlitten!“, schwärmt Mr One. Er macht eine Aufnahme mit seiner Handy-kamera.

„Setz dich mal rein“, fordert Mr Six ihn auf. „Dann mach ich ein Foto von euch beiden.“

„Und jetzt du“, sagt Mr One und schießt ein Foto von seinem Kollegen.

Ausgelassen wie zwei Schuljungen hüpfen die beiden zwischen den Autos herum und knipsen sich gegenseitig.

„Wir müssen uns eine ordentliche Kamera besorgen“, brummt Mr Six. „Da werden die Bilder viel besser. Sieh mal rüber in die Cafeteria. Die Leute lassen ihre Kameras einfach auf dem Tisch liegen, wenn sie sich ein Würstchen und ein Bier oder einen zweiten Cappuccino holen. Da können wir doch …“

„Viel zu gefährlich“, befürchtet Mr One. „Wenn das der Boss erfährt, kriegen wir eins auf die Mütze.“

„Erfährt er schon nicht“, beschwichtigt ihn Mr Six. „Aber von den neuen Modellen möchte ich unbedingt scharfe Fotos haben!“

„Meinst du die Mädels?“ Mr One grinst und zeigt auf die jungen Damen, die jetzt in weiß-blauen Kostümen hereinkommen und um die Autos herumtanzen.

„Die knipse ich für dich", verspricht Mr Six. „Aber mich interessieren vor allem die Autos. Bin gleich wieder da."

Er verschwindet und kommt kurz darauf stolz mit einer kleinen Digitalkamera zurück. Sie ist nicht viel größer als ein Zigarettenpäckchen.

„War ganz leicht", behauptet er. „Der Typ ist aufgestanden und weggegangen, ohne zu bemerken, dass seine Kamera fehlt. Lach doch mal!"

Er macht ein Foto von seinem Freund. Dann poliert er die kleine silberne Kamera mit dem Jackenärmel und sagt: „Okay, dann geh ich mal auf Fotosafari."

„Mach du deine Schnappschüsse. Ich gehe auch auf Schnäppchenjagd, aber ich lasse fotografieren“, sagt Mr One. „Was dagegen, wenn ich deinen Fototrick verwende?“

„I wo!“, lacht der rotblonde Ire. „Nur zu.“

Mr One hat eine Glückssträhne. Überall stehen die Autofans und fotografieren. Er wartet immer den Augenblick ab, in dem sie konzentriert auf das Fahrzeug ihrer Träume starren, die Arme heben und den Finger am Auslöser der Kamera betätigen. Das ist genau der Moment, in dem er mit seinen flinken Fingern „eingreift“. Die meisten Besucher haben an diesem heißen Tag in den Messehallen keine Jacke an. Da stecken die Brieftaschen oder Geldbörsen griffbereit in den Gesäßtaschen. Eine leichte Beute für einen geschickten Trickdieb mit langen Fingern!

In regelmäßigen Abständen sucht Mr One eine der Herrentoiletten auf. Dort sortiert er Geld und Kreditkarten aus und wirft die geplünderten Geldbörsen und Brieftaschen in den Papierkorb. Bei drei Karten findet er auch die Geheimzahl, die die Besitzer leichtsinnigerweise notiert haben. Er freut sich diebisch: Da werden die Geldautomaten ein schönes Sümmchen ausspucken!

Das Geld aus den fremden Brieftaschen steckt er direkt in die eigene. Das ist ungefährlich. Auf Geldscheinen steht schließlich kein Name. Die Kreditkarten packt er unter den doppelten Boden der

Leinentasche, in der er Prospekte sammelt, wie die anderen Messebesucher auch. Zwischendurch steuert er immer wieder einen der Geldautomaten auf dem Messegelände an und hebt mit den ergaunerten Karten und dem dazugehörigen Geheimcode Geld ab. Auf der Bankfiliale zahlt er schließlich 10 000 Euro auf ein Konto ein, dessen Nummer nur er kennt.

Alles wäre vielleicht gut gegangen, wenn nicht die aufmerksame Putzfrau Carmen Propper sich über den Inhalt des Papierkorbs einer Herrentoilette gewundert hätte. Sie meldet den Fund sofort der Hallenaufsicht. Die ruft die Messepolizei.

Kommissar Manfred Bembel vom 13. Polizeirevier ist gleich zur Stelle. Er hat heute schon 17 Anzeigen von bestohlenen Messegästen entgegennehmen müssen.

Als er die ausgeplünderten Brieftaschen im Papierkorb sieht, erinnert er sich an den

Warnhinweis seines Hamburger Kollegen. Bembel ruft Kommissar Kugelblitz an, berichtet von seinem Fund und fragt, ob es inzwischen neue Informationen zu der Kreditkartenbande gibt.

„Nach dem letzten Stand der Ermittlungen sind noch fünf Täter auf freiem Fuß“, berichtet Kugelblitz. „Ihre Namen sind Meyse, Köhler, Smith, Katz und Mollenhauer. Das haben die Kollegen in Köln herausgefunden. Ich sende die Fahndungsfotos und die Personenbeschreibungen gleich per Mail. Mollenhauer hat eine auffällige Narbe auf der linken Wange. Smith ist rothaarig. Katz ist eher rundlich. Köhler hat schwarze Haare und einen Oberlippenbart. Meyse ist dunkelblond.“

„Danke für die Informationen. Wir halten Sie auf dem Laufenden“, verspricht Bembel.

Als auf dem Messegelände in zwei weiteren Papierkörben „Leergut“ gefunden wird, ist sich Bembel sicher: Die Kreditkartenbande ist auf der IAA unterwegs!

Er lässt alle verfügbaren Leute mit den Täterbeschreibungen ausschwärmen. Allerdings vergeblich. Nirgends ist der Mann mit der Narbe oder der Trickdieb mit dem Oberlippenbart zu entdecken. Rothaarige Messegäste gibt es allerdings eine ganze Menge.

Da kommt dem schon leicht verzweifelten Hauptkommissar Bembel „Kommissar Zufall" zu Hilfe. Als Bembel sich gegen 16 Uhr an der Imbissbude ein Frankfurter Würstchen gönnt, ruft ein Mann: „Der hat meine Kamera! Der Mann mit den roten Haaren. Er war bei mir am Tisch, kurz bevor die Kamera verschwand." Er zeigt auf Mr Six.

„Moment mal", sagt Mr Six empört. „Wie können Sie so etwas behaupten? Das ist meine Kamera!"

„Sie sieht aber genau wie meine aus", beharrt der Mann.

„Guter Mann, es gibt Tausende von diesen Kameras. Sie sehen alle gleich oder ähnlich aus“, mischt sich ein schwarzhaariger Mann ein, der jetzt hinter dem Beschuldigten auftaucht. Es ist Mr One, der seinem Freund zu Hilfe eilt.

Hauptkommissar Bembel fällt eine gewisse Ähnlichkeit der beiden Männer mit den Fahndungsfotos auf, die ihm sein Kollege Kugelblitz übermittelt hat. Ist der Rothaarige vielleicht der gesuchte Mr Kevin

Smith aus Dublin? Und der mit dem dunklen Oberlippenbart Egon Köhler aus Recklinghausen?

„Augenblick, bitte“, sagt Bembel ruhig. „Darf ich Ihre Ausweise sehen?“

Man kann ihm die Enttäuschung ansehen, als er im Ausweis des Rothaarigen den Namen *Müller* liest und nicht Smith, wie er vermutet hat.

„Gehören Sie zusammen?“, fragt er die beiden Männer.

„Nein!“, versichert Mr One. „Ich wollte ihm nur helfen. Wenn ein Unschuldiger einfach so verdächtigt wird, muss man doch eingreifen …“

„Trotzdem muss ich Sie bitten, als Zeuge einen Augenblick mit ins Büro der Messepolizei zu kommen“, sagt Bembel. „Dort nehmen wir auch die Anzeige für die vermisste Kamera auf“, wendet er sich an den bestohlenen Besucher.

Mr One und Mr Six folgen Bembel nur ungern. Während ein Polizeiobermeister die Personalien aufnimmt, ruft Bembel im Nebenraum erneut seinen Kollegen in Hamburg an und schildert den Vorfall.

„Es lässt sich doch ganz leicht herausfinden, ob er der Kameradieb ist oder nicht“, sagt Kugelblitz. „Und falls die beiden starke Ähnlichkeit mit unseren Fahndungsfotos haben, sind die Personalausweise vermutlich gefälscht.“

Zwei Minuten später hat Bembel den Beweis, dass Müller der Kameradieb ist und dass er schon den ganzen Tag mit dem Mann zusammen war, den er angeblich nicht kennt.

Inzwischen sind auch die Fingerabdrücke der Trickdiebe aus Hamburg eingetroffen, die Kommissar Kugelblitz seinem Kollegen versprochen hat. Die Identität von Müller ist jetzt schnell geklärt: Er ist Mr Smith! Auch die Papiere des hilfsbereiten Zeugen erweisen sich als gefälscht. Nun steht einer genauen Durchsuchung der beiden Verdächtigen nichts mehr im Wege und im doppelten Boden von Köhlers Prospekttasche finden sich die gestohlenen Kreditkarten.

Frage an alle Detektive, die genauso gut kombinieren wie Kommissar Kugelblitz:

- Welchen heißen Tipp gibt Kugelblitz Kommissar Bembel?

11. Den Gaunern auf der Spur

Kommissar Kugelblitz steht vor der großen Landkarte im Besprechungsraum des Kommissariats und gibt Polizeipräsident Bingo einen Lagebericht. Pommes hat in alle Städte rote Fähnchen gesteckt, aus denen in letzter Zeit Kreditkartendiebstähle gemeldet wurden. Vier blaue Fähnchen stecken dort, wo Hans Klein, Bert Burzelboom, Egon Köhler und Kevin Smith gefasst worden sind.

„Da haben Sie sich aber von Ihrem Kollegen in Frankfurt ganz schön die Schau stehlen lassen“, spottet Polizeipräsident Bingo, als Kugelblitz von der Festnahme auf der IAA in Frankfurt berichtet.

„Hauptsache, wir haben wieder zwei von den Burschen aus dem Verkehr gezogen“, erwidert Kugelblitz. „Das allein zählt.“

„Den Tipp bekamen die Frankfurter außerdem von uns“, verteidigt Pommes seinen Chef.

„Und die restlichen drei der Bande schnappen wir auch“, versichert Sonja Sandmann. „Wir kennen jetzt ihre Namen,

haben Fingerabdrücke und Fotos. Es ist nur eine Frage der Zeit.“

„Sie könnten sich zum Beispiel in Nordrhein-Westfalen, Bayern oder hier in Hamburg aufhalten“, ergänzt Kugelblitz die Angaben seiner Assistentin. „Die Kollegen in Frankfurt haben uns die Telefonliste vom Handy des verhafteten Egon Köhler gemailt. Demnach hat er zuletzt mit München, Düsseldorf, Köln und Hamburg telefoniert. Die Kollegen sind verständigt. An der Hamburger Spur sind unsere Ermittler dran."

Pickit, oder nennen wir ihn jetzt besser bei seinem bürgerlichen Namen Karl August Meyse, ahnt nicht, dass die Polizei ihm bereits so dicht auf den Fersen ist. Er streift gut gelaunt durch die Innenstadt von Stuttgart, wo er auf einer Demo am Bahnhof reiche Beute gemacht hat. Als er unter einem Baum am Schlossplatz gerade unauffällig die erbeuteten Kredit- und Bankkarten sortiert, erreicht ihn ein Anruf von Egon Köhler aus Frankfurt.

„Bist du verrückt, mich von deinem Handy aus anzurufen?", schimpft Meyse.

„Ich rufe vom Apparat in der U-Haft an. Wir sind auf der IAA geschnappt worden. Mein Handy haben sie mir abgenommen“, klagt Köhler mit dünner Stimme. Er ist mit den Nerven ziemlich am Ende.

„Die Polizei hat dein Handy? Oje“, stöhnt Meyse. „Umso schlimmer!“

„Keine Sorge. Ihr steht ja alle nur unter den Decknamen im Nummernverzeichnis. Besorgst du uns einen guten Anwalt?“, bittet Köhler.

„Darum müsst ihr euch schon selbst kümmern. Ab sofort kein Kontakt mehr. Das

ist viel zu gefährlich. Aus – Ende Gelände! Verstanden?“ Meyse legt verärgert auf. Er besorgt sich schnellstens eine neue Telefonkarte für sein Handy. Die alte wirft er auf dem Weg zum Bahnhof in einen Gully.

Er erwischt den Intercity um 16.51 Uhr und ist schon um 19.01 Uhr in Saarbrücken. Von dort aus ist es nur noch ein Katzensprung nach Frankreich. Denn er liebt die Freiheit und die französische Küche …

Benno Katz, der in der Handy-Kurzwahlliste seiner Freunde als Mr Two geführt wird, sitzt an diesem Septembernachmittag in einem Bierzelt auf dem Münchner Oktoberfest. Er lässt sich ein knuspriges Hendl schmecken. Eine nette Münchnerin setzt sich zu ihm an den Tisch. Sie knabbert an einem Radi und mümmelt eine Brezn. Katz lädt sie zu einer Maß ein. Als er zahlt, fällt ihr Blick auf seine prall gefüllte Brieftasche.

Da rückt das Schmusekätzchen dem Katz noch ein wenig mehr auf den Pelz. Nach dem dritten Bier verrät Benno ihr seine Hoteladresse. Da ahnt er noch nicht, dass die hübsche Mieze es in Wahrheit auf seine üppig gespickte Brieftasche abgesehen hat.

Nachdem sie ihn im Hotel *Bayerischer Hof* ausgenommen hat wie eine Weihnachtsgans, ruft Katz nach der Polizei. Das hätte er lieber nicht tun sollen …

Etwa zur gleichen Zeit sieht Alfred Mollenhauer, der als Mr Five im Telefonverzeichnis seiner Freunde zu finden ist, ungeduldig auf die Uhr. Er wartet jetzt schon eine Stunde im Wartezimmer einer Schönheitsklinik an der Alster. Die Adresse hat er von einer Freundin, die auf der Reeperbahn arbeitet. Die hat sich dort den Busen vergrößern lassen. Er will sich dagegen die Nase verkleinern und die störende Narbe im Gesicht so gut wie möglich entfernen lassen. Das kostet zwar eine Kleinigkeit, aber das kann er sich jetzt ja leisten! Er lächelt zufrieden. Danach wird ihn niemand wiedererkennen. Er wird nach Hawaii fliegen und sich mit seinem Geld ein schneeweißes Ferrari Cabrio und eine Ananasfarm kaufen.

Gerade als die Sprechstundenhilfe sagt: „Der Nächste, bitte“, klingelt sein Handy. Mollenhauer nimmt ab und wird kreidebleich. Es ist die Polizei. „Wir müssen kurz mit Ihnen sprechen, Herr – äh – Mollenhauer?“

„Falsch verbunden“, erklärt Mollenhauer schnell.

„Ist es Ihnen lieber, wenn wir Mr Five zu Ihnen sagen? So sind Sie im Direktwahlverzeichnis von Egon Köhler eingetragen.“

„I-Ich verstehe nicht, was Sie meinen …“, stottert Mollenhauer.

„Dann werden wir es Ihnen gern näher erklären. Wir haben über GPS Ihr Handy geortet und stehen an der *Alten Rabenstraße*, direkt vor der Tür.“

„Tut mir leid“, sagt Mollenhauer hastig zu der Sprechstundenhilfe, die ihn gerade zur Operation abholen will. „Es ist etwas Schreckliches passiert. Wir müssen den Eingriff leider verschieben.“

„Ein Unglücksfall?“, fragt die junge Frau voller Mitgefühl.

„Kann man wohl sagen“, antwortet er hastig und verschwindet im Treppenhaus. Dort läuft er allerdings nicht nach unten, wo ja die Polizei auf ihn wartet, sondern nach oben. Aber schon ein Stockwerk höher versperrt ihm ein kleiner rundlicher Mann den

Weg und sagt lächelnd: „Das haben wir uns fast gedacht. Keinen Schritt weiter. Sie sind umzingelt.“

Ehe Mollenhauer noch begreift, was passiert, lässt Kommissar Kugelblitz die Handschellen zuschnappen.

Drei Fragen an alle Detektive, die genau mitgedacht und mitgezählt haben:

- In welcher Stadt befinden sich Mr Two, Mr Five und Pickit in diesem Kapitel jeweils?
- Wer von der Bande ist jetzt noch auf freiem Fuß?
- Wie lange fährt Pickit von Stuttgart nach Saarbrücken?

12. Schlussakkord

Pickit, alias K. A. Meyse, sitzt in einer gemütlichen Kneipe in der Saarbrücker Altstadt bei Flammkuchen und einem Glas Elsässer Edelzwicker. Nachdenklich sieht er in das Kerzenlicht, das der Ober gerade mit seinem Feuerzeug für ihn entfacht hat. Bedauerlich, dass bei seinen Plänen nicht alles so gelaufen ist, wie er gehofft hat. Die Idee war clever. Allerdings sitzt sein anfangs so erfolgreiches Team jetzt im Gefängnis.

Er ist in Freiheit, aber allein.

Über die Einsamkeit trösten ihn allerdings seine dick gefüllten Bankkonten hinweg, die er sicherheitshalber in der Schweiz und in Luxemburg angelegt hat. Für Dezember hat er einen Flug nach Brasilien gebucht. Dort wird er eine Weile untertauchen. So lange, bis Gras über die Sache gewachsen ist.

Vor der Abreise wird er sich jedoch noch einen Herzenswunsch erfüllen.

Verträumt sieht er ins Kerzenlicht. Er wird vor dem Abschied von Deutschland und Europa noch ein letztes Mal ein Konzert der schönen Elena besuchen. Er wird wieder 100 Rosen bestellen. Diesmal wird er sie bar bezahlen, um kein Risiko einzugehen. Und er wird Elena fragen, ob er sie zum Abendessen ausführen darf, in das beste Restaurant von Düsseldorf. Der Tisch ist schon bestellt. Er hat alles genau geplant!

Meyse ahnt nicht, dass noch ein Mann genauso sehnsüchtig auf dieses Konzert wartet wie er: Kommissar Kugelblitz in Hamburg!

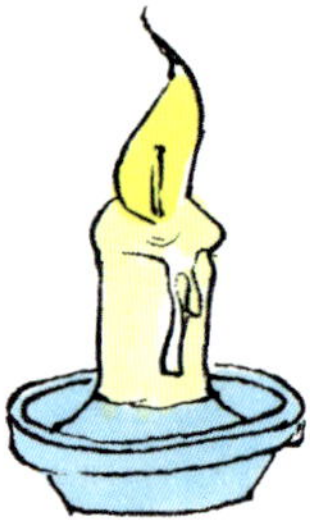

Eine letzte Frage an alle Detektive, die Kugelblitz genau kennen:

- Wisst ihr, wer nach dem Konzert eingeschnappt sein wird?

Inhalt